JN408690

어머니의
빈 의자

• 김태선 시조집 •

문학공원 시선 177

어머니의 빈 의자

• 김태선 시조집 •

자서

용광로 불꽃처럼 열정 하나로
체험하고 자세히 관찰하여 쓴 시를
시조집으로 엮습니다
80전 초부터 생활일기를 쓰며
시인이 되겠다는 희망과 꿈을 향하여 달려왔습니다
오랜 세월 현장에서 일을 하며
2017년부터 시 공부를 하다가
2018년부터는 시조를 꾸준히 공부하며 쓰고 있습니다
지금까지 도와준 아내에게 고맙게 생각하고
아이들도 형제들도 식구들도 고맙습니다
그리고 여기까지 시조가 나오기까지
힘을 주신 모든 분에게 감사의 인사드립니다
앞으로 더욱 노력하여
멋진 시조를 쓰는 시인이 되겠습니다

2020년 여름

심 태 선

CONTENTS

1부
봄아 어서 오라

2부

일요일 오후 풍경

CONTENTS

3부
비가 내려 춤추네

4부

메아리를 꿈꾸다

CONTENTS

5부

밤차로 달려가는 고향

1부

봄아 어서 오라

공작기계를 돌리며

편하고 쉬운 일은 이 세상에 없다고 봐
가공 일 만만치 않아 힘들어도 참아야 해
아이들 눈 아른거려 땀 닦으며 집중한다

아차하면 손발이 절단되는 공작기계
기계 돌려 집 사고 아이들 가르치고
마누라 건사하면서 한평생 살아왔네

제품에 공차 없이 세밀히 점검한다
기계의 찰칵 소리 조폐공사 기계소리
나는야 한국은행장 오늘도 돈 찍는다

삽다리 납량특집

당산나무 그늘 밑에 돗자리 깔아놓고
라디오 볼륨을 있는 대로 켜놓고
옥수수 고구마 삶아다 나누어 먹으면서

베짱이 풀벌레 소리 효과음 배경삼아
여름밤 납량특집 소름 돋는 드라마
선풍기 에어컨 없이도 머리가 쭈뼛 선다

라디오 들으시던 아버지 소 팔러 가고
아궁이 불을 때던 어머니 장에 가서
영원히 돌아오지 않는 삽다리 납량특집

출근

창공의 맑은 공기 출근길이 즐겁다
지상의 나팔 소리 우렁찬 아침이여
전조등 불빛 비추고 도로를 달린다

신호등을 준수하며 미소 짓는 출근시간
정문 앞 반환점에서 가슴 펴며 숨 쉬네
승용차 실어 나르는 하루라는 선물꾸러미

봄아 오너라

가로수 느티나무 살며시 몽우리져
새 눈망울 맺혀서 세상 밖을 내밀 듯
새 봄이 찾아오기를 준비하고 서 있다

겨울비 고추바람 여과지로 거르면서
사철나무 잎새도 파릇파릇 발돋움
두레박 길어 올리듯 하늘하늘 춤춘다

봄아 어서 오라

지루한 겨울잠에 땅속에 뿌리들도
잠에서 깨어났나 기지개 꿈틀꿈틀
두 팔을 하늘로 들고 하품을 하는구나

겨우내 얼어붙은 땅 스르르 빗장 연다
새들의 목소리도 힘차고 명랑한데
온 세상 고개 들고서 방긋이 웃고 있네

봄비

산수유 봄비 맞아 노랗게 핀 공원에
어깨를 적시면서 서서히 걸어간다
오늘은 나도 풀꽃이다, 뿌리를 박아보자

산수유 핀 나무 위에 까치들이 앉아있다
무엇을 깎으란 건지 깎 깎 깎 소리낸다
꽃눈도 잎눈도 깎고 마음도 깎으란 게지

미세먼지

자욱한 미세먼지 희뿌옇게 덮어버려
와이퍼를 닦아내도 앞이 잘 안 보이네
경보기 빨간 불 켜며 레드카드 내미는데

앞은 잘 안 보익 출근은 해야 하고
인간도 기계들도 미래가 안 보인다
중국 발 미세먼지가 우리의 발목을 잡네

태양도 나무들도 제 기능을 하고
1mm 1000등분 m2.5 비상경보 울리네
인천 앞 서해바다는 한 앞도 안 보인다

출근

종점을 출발했던 버스가 정류장마다
신호등 빨간 불빛 천천히 멈춰 선다
승객은 조심스럽게 하차하고 승차한다

덜거덩 소리 내며 정왕역 하차하여
도보길 걸어가니 새들도 노래하네
하얗게 핀 아카시아 노동시간 설렌다

정문 앞 도착하니 그윽한 커피향기
모닝 차 호호 불며 하루 일과 시작하네
일할 수 있다는 것이 얼마나 감사한가

멈춰 선 공작기계

까닭을 모르는 채 멈추는 기계 소리
나사가 빠졌는지 볼트가 풀렸는지
부품을 교체해달고 덜컹덜컹 말한다

기름밥 부족한지 멈춰서는 피스톤
끝부분 열이 나서 불덩이로 들끓는다
오일이 순환되도록 호스를 뚫어준다

풀렸던 볼트 너트 다시금 잠가주고
쪼르륵 오일 기름 가득히 채워주니
또다시 돌아가면서 방끗 웃는 공작기계

달과 별

나이를 먹다 보면 지난 세월 생각나
빛나는 별 보면서 밝은 달 관찰하며
지난 날 생각하면서 나 자신을 돌아본다

저 별은 누구별이며 토끼는 잘 있는지
저 별을 따다 주마 저 달을 따다 주마
모든 걸 해준다하고 못해주어 미안하다

벚꽃의 노래

리듬 맞춰 춤추는 꿀벌들 바라본다
사뿐사뿐 날아와 벚꽃 위에 내려 앉아
꽃가루 보따리 지고 집으로 돌아가네

나무는 명주옷 분홍 색깔 드레스
오색빛깔 차려 입은 무도회가 시작됐다
벚꽃의 화려한 축제 주 고객은 연인들

안산천에서

퇴근 후 저녁 먹고 안산천 조깅한다
불빛에 모여드는 날파리 모기떼들
쌍쌍이 자맥질하는 오리천국 안산천

풀꽃들 연도하며 응원 박수 보내고
달리는 발자국에 따라오는 밝은 달
잉어들 꼬리 흔들며 살랑살랑 춤추네

커피

나이스 정든 찻집
향긋한 차 한 잔
단 둘이 소곤소곤
정겹게 웃는 미소
옛 추억 덕담 나누며
향기에 취해본다

은은히 손끝으로
전해지는 커피 잔
코끝으로 감미롭게
다가오는 커피 향기
분위기 좋은 카페서
커피 한 잔 행복하다

산업현장에서

각도를 세밀하고 이상 없게 확인한다
피시디 줄자 재어 공차 없이 측정해
상대치 제품과 제품 정확하게 조립한다

피스톤 짤칵짤칵 상하작동 이상 무
수천 개 생산하며 부자의 꿈 꾸어본다
최선을 다해 만들면 가족사랑 나라발전

기름때 묻히는 삶

이토록 기름밥을 먹어야 삶이 되나
넥타이에 와이셔츠 기름 때 안 묻히고
그렇게 사는 사람들 남의 나라 사람 같다

기름 묻은 걸레로 기계를 닦고 닦아
조이고 기름 치고 점검을 해본다
몸처럼 여겨주어야 돈을 벌어주지

작업복은 기름떡칠 작업화는 흠집 생겨
온종일 쇠와 싸워 완제품 공차 체크
온종일 일하고 나니 퇴근시간 즐겁다

운전

11월 달 첫 주부터 안개가 심해진다
지상의 나무들이 단풍잎으로 물들어가
핸들을 조심스럽게 꽉 잡고서 달린다

안개 속 가로등불 환하게 비추지만
낙엽이 하나 둘씩 불빛에 휘말리며
유리창 스쳐가면서 안전하게 달린다

정문 앞 입구까지 깜빡이 깜빡거려
무사히 도착하여 라이트 살짝 꺼져
따끈한 모닝커피 후르륵 들이킨다

중심을 잡으며

중심부 센터 드릴 보루방 고정시켜
빨간 색 스위치를 살짝 눌러 작동하니
윙하며 공작기계가 부드럽게 회전한다

자도 조심 깨도 조심 안전이 최고이지
하나의 가공 제품 중심부 센터 드릴
중요한 부분 역할이 생명의 일부분이다

중심을 잡지 못하면 모든 게 끝장이다
중심은 생명이듯 똑바로 하여야만
기계가 순조로워서 원만하게 돌아간다

일하는 자의 행복

얼굴을 화장하듯
제품을 빛깔 내어

정성껏 가공하여
문지르고 광을 낸다

수많은 완제품들이
쏟아지는 금 노다지

과속엉금

서수원 4차선으로 서서히 차를 몬다
깜빡이 깜빡거려 차선을 바꿔선다
차선을 조심스럽게 추월하며 달린다

고속의 대열에 나도야 올라섰다
포근한 겨울 날씨 함박눈 쏟아져
순식간 미끄러워져 엉금엉금 기어간다

라디오

구석방에 조용히 틀어박힌 라디오
TV에 휴대폰에 인기 없어 밀려나
두 눈만 멀거니 뜨고 기운 없이 앉았구려

옛 적엔 손에 들고 음악 소리 맞춰서
개다리 춤 흔들고 온몸 적시던 추억
그러한 풍습이 없어져 너무나도 그립소

채널을 살짝 틀어 멜로디 음악 소리
온방을 꿍짝꿍짝 흥겨운 몸동작에
신나게 장단 맞추며 둘이 웃어보았소

2부

일요일 오후 풍경

건강의 보약

잠에서 깨어나면
한 번쯤 크게 웃으라

보약 중 보약이라니
억지라도 웃으라

웃는 자 행복이 오고
수명도 길어진다네

어떤 만남

가로수길 걸어가는 시무룩한 노총각
신호등에 딱 걸려서 사방을 살펴보다
애인을 보는 순간에 너무 좋아 춤추네

신호등 바뀌자마자 잰 걸음 뛰어가서
누가 보든 말든지 둘이서 너무 좋아
온 몸을 부둥켜안고 뽀뽀하고 난리네

저렇게 해도 되나 의심을 하다가도
어느새 이리 늙어 부럽기도 하구나
세상이 바뀌었으니 눈 질끈 감고 간다

가을비와 시집

곡식도 거둬야하고 나락도 말려야 하는데
쓸 데 없는 가을비가 자주도 내린다
지하실 주차장 앞에서 별표 번호 누른다

계단을 오르면서 우편함 살펴보고
혹시나 기쁜 소식 시집이 들어 있나
가만히 쳐다본 빈 통 헛웃음 웃어본다

십 사층 꾹 누르면서 현관문 열고 들어와
식탁 위 시집 한 권 내 눈을 잡아끈다
농사는 안 짓지만은 시 쓰는 게 내 농사지

똑바로 살아야지

오랜만에 동료들과 막걸리를 마시었다
한 병에 얼큰하고 두 병에 홍당무다
아뿔싸, 이러면 안 돼 똑바로 걸어야 해

번화가 한복판서 비틀비틀 걷는데
여기가 자기 집인지 한복판 드러누워
코고는 저 사람 보니 술이 확 깨인다

꿀맛

아내가 만들어준
호박죽 큰 사발에

숟가락 한 숟가락
입속에서 사르르르

입안엔 호박죽 가득
집안엔 행복이 가득

밥통

오 그대 멋져브러
언제나 예뻐브러

얼굴만 쳐다봐도
저절로 좋아브러

영원한 만인의 애인
당신을 사랑하오

그때 그 시절

그 시절의 등굣길
장마철 징검다리

등에다 책 보따리
꽁꽁 묶어 건너다

고무신 높은 물결에
두둥실 사라지네

맨발의 청춘이 된
여전히 비 오는데

하굣길 어찌 갈까
둑방까지 넘치었네

책가방 머리에 이고
건너왔던 그 추억

비빔밥 상념

고소한 참깨 냄새 당기는 참기름
프라이팬 찬밥 넣고 고추장 한 술 넣고
온 식구 둘러앉아서 비벼 먹던 비빔밥

프라이팬 둥근 상에 올려놓고 밥 비빈다
저마다 둘러앉아 숟가락을 부딪치던
아이들 모두 떠나고 두 부부만 밥을 먹네

일요일 오후 풍경

월피동 다농마트 옆길에 주차한다
지갑에 현대카드 살며시 꺼내어서
휴대폰 안주머니에 꽂고서 들어간다

문 열고 들어서니 별의별 식품들이
예쁘게 진열되어 나를 오라 손짓하네
한 박스 식품 사들고 자동차 문 열고서

뒷좌석에 싣고 나서 운전대를 잡는다
오늘은 일요일 요리 솜씨 뽐내는 날
서투른 솜씨지만은 실력 발휘 하련다

안부전화

행여나 그 사람 마음이 변하였는지
의심치 않지만은 혹시나 전화 걸어
아무 일 없으셨는지 잠깐씩 통화한다

긴장된 목소리로 행여나 걱정하듯
이것저것 물어보니 왜 전화를 했느냐네
아니야 좀 궁금해서, 이상 무, 끊는다

그대 손 맛 최고다

지상에 둘도 없는
그대가 내 곁에서
배추김치 알타리
군침 달달 돈다
입속에 똘똘 말아서
매콤달콤 오도독

이렇게 맛있는 거
그대의 손 솜씨는
이 세상 최고처럼
업어주고 싶어진다
장가를 잘 든 것 같아
행복감 밀려온다

시장보기

다정이 다농마트 한 바퀴 돌고 돌아
진열된 식품 채소 과일도 금값이라
물건을 들었다 놨다 망설이고만 있다가

청경채 좋다 하여 한 박스 챙겨놓고
양배추 묶음 다발 계산대 옆에 놓고
막걸리 사과 토마토 트렁크에 챙긴다

만보기 어플

휴대폰의 어플로
만보기를 깔았네

날마다 실천한다
약속만 걸어본다

만보를 걷는다는 게
쉬운 일이 아니구나

동트는 이른 아침
푸르른 도보 길을

탄탄한 근육 키워
건강은 재산이라

노래에 발맞추면서
만보 걸음 이루세

코로나19바이러스

마스크 착용하고
손발을 깨끗하게

비누로 싹싹 닦아
청결을 유지하여

본인의 건강 상태는
나 스스로 지켜야지

코로나 바이러스
전쟁보다 무섭다

확진자 칠백만 명
죽은 자 오십만 명

내 몸부터 지켜야
이웃을 지켜낸다

12월

해마다 12월이면
마지막 한 장 달력

해 놓은 일 하나 없이
반성을 해보지만

그렇게 세월만 보내며
새해를 맞이하네

해

해 돋는 동해 바다
해 지는 서해 바다

동트는 동녘의 산
일몰의 서쪽의 산

한낮엔 다 함께 해도
조석으로 따로 노네

반짝이는 별

밤하늘 요리저리 반짝이는 별들아

어디로 왔다가 어디로 가는 거냐

촛불을 밝혀들고서 마실을 다니느냐

세월과 소

그 힘센 부림소는
이리 가라면 이리 가고

워워워 멈추라면
가던 길도 멈추는데

세월만 말을 안 듣고
제 맘대로 가는구나

장미를 부러워함

진달래 개나리가 예쁘다 하지만은
붉은 장미 피어나는 유월이 최고더라
장미원 꽃봉오리들 터질 듯 만개했다

6월엔 이곳저곳 수천만 꽃송이가
골목마다 건물마다 화사하게 웃어준다
하루를 살다 가더라도 저리 붉게 살았으면

견적 후 가공

세밀히 견적하고 정확히 파악하여
꼼꼼히 도면설계 서류를 전달 한 후
유압의 프레스기계 운전을 시작한다

크기는 직사각형 둥그런 자재 신청
정확히 가로 세로 줄자로 확인하고
도면을 정확히 보며 척에 고정 회전시킨다

가공된 제품마다 백분의 일 차도 없이
노기스 재어보고 신경 써 가공하여
상대치 테스트 한 후 순서대로 조립한다

근로자의 날

모처럼 가족들과
야유회를 계획했다

산으로 강으로
바다까지 점령하며

쌓였던 스트레스를
모두 날려 보내자

3부

비가 내려 춤추네

안산 노적봉 정상에서

겨울의 차가운 공기
들이쉬며 내쉬며

아내와 다정하게
산책길 오릅니다

힘들지, 물어보면서
오른 손을 내밉니다

노적봉 정상 바위
나란히 걸터앉아

정겹고 다정하게
높은 하늘 쳐다보니

구름 속 숨었던 해님
웃으면서 나옵니다

딱따구리

밤나무에 매달려서 딱딱딱 리듬 맞춰
딱따구리 한 마리 새 집을 짓습니다
가족들 함께 살 공간 보금자리 꿈꿉니다

알 낳고 새끼 길러 천적을 보호하고
비 안 맞고 바람 막아줄 따스한 건축기술
소리를 목재삼아서 상상의 집 짓습니다

각설이타령

얼씨구 품바 잘도 헌다
절씨구 품바 잘도 헌다
얼 씨구씨구 돌아간다
절 씨구씨구 돌아간다

안산시 거리축제로 품바타령 벌어졌다

꽹과리 가위 박자
엉덩이 흔들면서
각설이 춤사위에
웃음꽃 절로 피네

한바탕 가위춤 판에 어깨춤이 절로 나네

중국 발 미세먼지

중국 발 미세먼지
숨을 쉴 수가 없네
널어놓은 빨래가
새카맣게 묻어나고
코 풀면 먼지덩어리
한 움큼 튀어나온다

마스크 착용해라
손발을 잘 닦아라
오늘의 미세먼지지수
날마다 체크한다
좋은 날 다 살았도다
화성으로 이민갈까

분갈이

꽃집에 찾아가서 계분을 한 포 사서
오래된 산세베리아 분갈이를 해주면서
먼지를 정화해달라고 정중히 부탁했다

행운목 큰 화분도 분갈이 해주었더니
새싹과 잎새가 싱싱하게 윤기난다
새빨간 공작선인장 방긋이 피고 있다

주말농장

일요일 운동 삼아 주말농장 신청했다
고추 심고 상추 심고 토마토에 가지까지
채소를 기르는 재미, 손자 보듯 재미있다

땀 흘린 호미질에 채소들 자라나니
상춧잎 깻잎들이 삼겹살을 부르는구나
오늘은 초록들판을 요리하여 먹겠네

토종벌

고사떡 먹던 생각 토종벌 받아놓고
엄마는 흰떡 쪄서 벌통 위에 올려놓고
새끼들 많이많이 쳐
부자 돼라 비시네

공손히 두 손 모아 천지신명께 비는 엄마
토종벌 신명 나듯 날개에 꽃가루 묻혀
벌통에 들락거리니
허니문 가족 따로 없네

제비처럼

아직도 세계일주 포기 않고 꿈을 꾼다
작년에 날아갔던 제비도 날아와서
반가워 날개를 펴면서 여행 왔다 인사하는데

사람들은 손오공처럼 동남아 유럽으로
제비처럼 날아가며 구렁이처럼 담 넘으며
오대양 육대주 대륙 마음대로 누비는데

언제나 가볼까나 월남 태국 중국 홍콩
미국 유럽 고사하고 가까운 나라라도
동남아 여행이라도 모두 다 돌아봤으면

새벽 비

새벽 잠 깨어나서 베란다 창문 여니
쭈우욱 손 뻗으니 뚝 뚝 뚝 비 내린다
쌓였던 먼지마저도 삼켜버린 하느님

여름비 새벽까지 주르륵 쏟아지니
오오오 기다렸던 생물도 신명난 듯
하느님 고마우셔라 활력이 넘치누나

비가 내려 춤추네

폭풍이 불어 닥쳐 먹구름 어둠 캄캄
대낮이 밤이 되어 우두둑 쏟아지는데
빗방울 도로 길 때려 발자국 흠 만드네

우두둑 쏟아지다 다시금 멈춰버려
구름만 빙글 돌다 또다시 뚝뚝 내려
생물들 웃음소리가 들리는 듯하구나

목 타던 곡식들도 고개를 들고 서서
아리랑 내 아리랑 아리리요 노래하며
두둥실 춤을 추면서 잔치를 벌이누나

구슬치기

그리운 고향 친구 헌회야 보고 싶다
참나무 그늘 길에 왕다마 구슬치기
한 눈을 감고 던지면 수없이 박살냈네

박살난 구슬 담아 풀숲 속에 모아두면
햇볕이 비추면서 무지개가 현란하게
오로라 현상이 보여 신기해하던 그 시절

청자 매병

두둥실 살랑살랑 구름 위를 걷는 듯이

치마폭 살랑이며 걸어가는 저 여인

한석봉 신사임당을 만난 듯 우아하다

두더지 세상

까칠한 두더지 놈 겨울에 잠도 없나
두둑을 여기 저기 땅굴을 만들어서
터널 속 고속도로를 왕복선을 완공해

코스모스

고갯길 넘고 넘어
가을꽃 코스모스

바람에 산들산들
춤추는 나비 벌들

높푸른 창공 하늘을
꽃무늬로 바르네

제주 일출봉

일출봉에 해 뜨거든 날 불러주오, 이르던

시인은 어디 가고 혼자 뜨는 저 태양

파도에 온몸을 씻고 그대 앞에 떠오른다

미역장사

봐서요, 아침에 미역국을 끓여먹어서요

청정미역 사라는 장사꾼의 호객행위

아침에 먹은 미역국 아직도 감미롭다

갈대숲을 걸으며

잔잔한 안산천에 그대와 손잡고서

갈대숲 구름다리 사뿐히 걸어가면

청명한 가을 하늘이 손끝에 와 잡힐 듯

나호로 날던 그날

나로호 국산 위성
하늘 높이 치솟는다

불꽃을 뿜으면서
날아가던 그 광경

감격해 함성 지르고
얼싸안고 춤추었네

운주산성

세종시 전동면에 백제 때 운주산성
천안 청주 아산만을 한 눈에 내려다봐
멸망한 백제를 되살리는 꿈을 꾸었네

계곡에는 코끼리처럼 매달린 대형 고드름
백제부흥 원혼이던 상징탑 솟아있어
수천 년 이어져오던 백제 숨결 느껴진다

가을아 안녕

찬바람 불어오자
단풍잎 떨어진다

영화가 소용 있더냐
백색시대 오리니

앙상한 나뭇가지에
매미껍데기 스산하다

용봉산 석불사

지상 절터 석불사 돌출의 면을 파낸
마애석불 부처님 고려의 불상이여
대웅전 웅장한 무게 소원 성취하리요

4부

메아리를 꿈꾸다

고향언덕에서

리어카에 짐 보따리 꽁꽁꽁 싸매고서
끙끙대며 끌어주고 밀었던 고향언덕
뻥 뚫린 그 도로 보면 격세지감 느낀다

너무나 정겨웠던 그 추억 떠오르고
꿈속에 아련하게 스치는 그 시절이
긴 세월 지나왔지만 당산나무 여전하네

고향을 생각하면서

옛 고향 돌아가고픈 마음은 굴뚝이네
직장일 때문에 오도가도 못 하고
즐겁던 옛 추억 생각 눈가가 젖는구나

월요일 출근하여 금요일 저녁까지
한 푼 더 벌어보려 연장근로 신청하며
목장갑 손에 끼고서 열심히 일을 한다

온종일 마스크를 착용하고 일하지만
세면장 거울 보면 얼굴에 까만 먼지
쇳가루 붙어있어서 따갑고 쓰라리다

싹싹싹 비누칠해 반들반들 닦은 후에
사제복 갈아입고 정문을 나서면서
퇴근길 날아갈 듯한 기분으로 달려가네

어머니의 빈 의자

자동차 조심하고 조심해서 잘 가라
잘 먹고 잠 잘 자고 건강도 조심하고
그 말씀 영문 모른 채 허겁지겁 살아왔다

앨범을 들춰보며 엄마를 그려본다
선명한 그 모습이 꿈속처럼 아련해
눈물이 왈칵 흘러서 돌아서 눈물진다

그토록 어진 말씀 생각도 못한 바보
효도하려 했더니 먼 길 떠나 안 계시네
어머니 손 흔드시던 빈 의자만 외롭다

고구마의 추억

무쇠솥 솥단지에 고구마 토막 내서
아궁이 불 지펴서 한소끔 끓은 후에
뚜껑을 열어보면은 구수한 냄새 와락 안네

윗방에 수수깡을 촘촘히 엮어두고
고구마 저장하여 끼니때면 꺼내어서
까먹고 쪄서 말리고 구황작물 되시었다

달콤한 고구마를 하나 더 먹으려고
양손에 꽉 잡고서 형제끼리 줄행랑
싸움을 말리던 엄마, 밭에 가신지 수십 년

흔적을 찾아서

뒤꼍에 거미줄 모아 잠자리채 만들고
초가집 추녀 밑에 참새 잡아 구워먹던
어릴 적 그 추억들은 잊혀지지 않는데

논밭들은 사라져 공장으로 변하여
피스톤 기계 소리 요란하게 들리고
물가에 다이빙하던 흔적마저 없구나

메아리를 꿈꾸다

국화꽃 활짝 피면 그대와 모자 쓰고
맑은 공기 들이키며 노적봉 산책하며
청명한 하늘을 보며 야호 소리 지르고 파

젖 먹던 힘을 다해 손을 모아 소리 질러
사랑해… 사랑해에, 고마워… 고마워어
여운 돼 되돌아오게 노래를 부르고 파

고사리 꺾으러 가다

고사리 꺾으려고
망태기 등에 메고

엄마와 올라가던
금이성산 양지 편

흰 솜털 꽃 피우면서
앙증맞게 웃고 있네

망태기를 가득 채운
붉은색 고사리를

마루에 펼쳐 보니
찔레도 시경이도

입맛을 잡아당기어
입도 시고 눈도 시고

남편은 요리사

모처럼 요리하니
옷 젖고 물 튕겨

앞치마 둘러매니
여자 마음 알 것 같다

평생을 젖은 손마디
애처롭고 미안하다

요것 저것 잘라서
보글보글 끓으니

익혀가는 그 냄새
침이 꿀꺽 넘어가네

아내와 둘이서 먹는
저녁만찬 행복하다

안산 국제거리축제 행사

푸르른 5월 맞아
광덕로 사거리 길

음악이 울려 퍼져
국제 거리 축제 행사

쇼쇼쇼 흥겨운 시민
즐겁다고 짝짝짝

수많은 사람들이
발맞춰 손잡으며

풍선이 하늘 높이
소망처럼 떠오르네

다문화 사람들 모여
어울려 살아가자

농부의 마음

봄이면 씨앗 뿌려
새 싹이 한 잎 두 잎

줄기가 쭉쭉 뻗어
김매주고 북돋우면

농사꾼 발자국 소리
듣고 자라는 작물들

모내기 추억

모를 내는 날이면
모판에 쪄 놓은 모
지게에 가득 담아
논두렁 받쳐놓고
휘이익 포환 던지면
똑바로 떨어지는 모

가끔씩 물뱀 잡아
모춤 속에 감췄다가
모내는 아줌마들
뒤에다 던져놓으면
아줌마 깜짝 놀라며
뒤로다 자빠졌지

주전자 가지고서
막걸리 사오다가
한 모금 마셔보면
시원하고 맛있었지
참 먹던 정자나무 밑
아직도 그립구나

도전정신

중도에 포기하려면
시작도 하지 마라
어려운 역경 속에
희망의 꿈이 있네
끈기와 인내심만이
자산이자 무기라네

중도에 포기하면
한순간에 물거품
백번을 쓰러졌다가
백한 번 일어나는
나는야 오뚝이인생
기필코 해내리라

고향 총동문회 날

라일락 보라색 꽃
피어난 운동장에
제23회 총동문회
잔치가 벌어졌다
각설이 노래자랑에
어깨춤이 흥겹다

오랜만에 만난 친구
선후배 반가워서
술 한 잔 따라주며
옛 추억 덕담하네
하늘엔 고추잠자리
흰 구름도 춤추네

강원도 산불

강원도 속초 지방
산불로 다 탔도다
슬프고 안타깝다
작은 불 큰 불 되니
하늘도 아우성치며
넋 잃고 마는구나

잠깐의 방심이
순식간 죽음의 땅
재생엔 백 년 걸려
모든 게 헛수고로다
실수도 범죄입니다
조심 좀 해주세요

시조집 나올 생각에

안산서 당고개행
4호선 타고 가다
충무로서 3호선으로
갈아타서 녹번역에
내리면 스토리문학사
문학공원 출판사

시집은 내봤지만
시조집은 처음이라
새집을 짓는 듯이
등기를 내는 듯이
내 얼굴 복사꽃처럼
화사하게 피어나네

양구 문학기행 길

양구군 문학기행
버스에 올랐다네
전방이란 생각과
육이오 격전지란
생각이 머릿속에서
빙빙빙 맴을 돌았다

아무리 강조해도
지나치지 않은 안보
제4땅굴 양구통일관
을지전망대 전쟁기념관
박정희 사단장공관
양구에 다 있구나

철학의 거장이신
김형석, 안병욱 박사
수녀 시인 이해인
세 분을 기념하는
양구의 인문학박물관
크게 배워 깨닫는다

욕심

이 세상 만족한 삶
하나도 없나 보다
아흔아홉 섬 가진 사람
한 섬을 채우려고
눈 벌개 발버둥 치며
아등바등 사는구나

욕심을 포기하면
세상이 보인다지
꽃도 보고 물도 보고
여유롭게 살아가자
함박꽃 웃고 있는 게
안 보이나 이 사람아

이윤순 시인님을 생각하며

서서히 서쪽으로
해님은 넘어가고
아쉬운 그리움에
조용히 생각하니
눈가에 이슬이 맺혀
영원토록 못 잊어

날마다 들어오셔서
시조 방 불을 켜고
마침내 불교신문
신춘문예 당선하시고
우리의 희망되시고
하늘나라 떠나셨지

자식을 위해 산 삶
하나만도 드높은데
시인이자 수필가에
시조시인 되셨으니
그 노력 귀감이 되어
영원히 빛납니다

세월호참사 5주년을 맞아

5년이 흘렀어도
기억은 어제 같아
바닷물 넘치도록
펑펑펑 울었네요
안산의 분향소에서
고개 숙여 기도하며

그때를 생각하면
억장이 무너지네
아이들 수장하고
지은 죄 어이할까
어른의 한사람으로
사죄를 드립니다

5부

밤차로 달려가는 고향

까치밥

서산에 해저물고 동지도 지났는데
앙상한 가지 위에 청상고절 매달려서
더욱더 선명한 색깔 그 기상 드높구나

흰 눈이 펑펑 내려 털모자 쓴 사람인양
먼 곳을 내다보며 손님 오나 기다리니
까치가 깍깍 울면서 기쁜 소식 전하네

마스크 잊지 맙시다

길 걸을 때 마스크
산에서도 마스크
사람 많은 곳 마스크
무조건 마스크 써
손 닦고 마스크 착용
바이러스 예방 첩경

시조 씁시다

삼사삼사 삼사삼사
삼오사삼 시조율격
한 두 자 늘어나도
한 두 자 바뀌어도
종장의 삼자 지키고
오자는 융통성 있게

막히면 뚫어주고
뚫리면 막아주고
삼강오륜 권선징악
지킬 것 지켜가며
파격을 참아가면서
시조놀이 해봅시다

장

며칠 째 장대비가
줄기차게 내린다
하늘이 빵꾸 났나
줄기차게 내린다
어디는 홍수가 나고
침수됐단 뉴스다

간신히 운전하며
집까지 오는데도
옆 차가 물을 튕겨서
앞 유리가 안 보인다
저러다 안산시민들
울릴까봐 겁난다

갈매기를 보며

하늘 위를 자유롭게
날아가는 갈매기들

앞서거니 뒤서거니
곡예비행 아름답다

그대와 다정스럽게
날아봤으면 좋겠소

신인상 시상식장에서

이렇게 좋을 수가
내 이름 김태선이
이 책 저 책 실리고
상장도 받았도다
감사한 그 마음으로
열심히 글을 쓸 터

약보다 운동

먹는 것도 잘 먹고
약도 잘 먹어야지만

먹는 걸로 안 되는 것
약으로 안 되는 것

건강이 최고라지요
운동으로 지켜가요

예식장에서

머리 위 면사포 쓴
신부가 아름답다

하늘의 천사로다
넋 놓고 쳐다본다

머리가 파뿌리 되도록
백년해로 빕니다

소중한 행복

재물을 잃은 사람
조금 잃은 사람
친구를 잃은 사람
조금 더 잃은 사람
건강을 잃은 사람은
아주 많이 잃은 사람

재산이 많아 봐도
사랑 없인 가난하고
가족이 많아 봐도
사랑 없인 외롭다
사랑은 최고의 가치
위하면서 삽시다

시낭송대회

시낭송 대회 열려
참가의 의미 두며
나도 한 번 용기내
참가를 해보았네
중절모 눌러쓰고서
낭송하는 내 모습

나중에 사진 보니
내가 봐도 멋있네
나이가 무슨 대수
도전이 중요하지
시낭송 하는 순간은
모두가 시인이네

아내를 바라보며

그대 얼굴 멍하니
쳐다보고 있자니
힘들게 지내왔던
그때가 생각나오
힘든 일 함께 견뎌준
당신께 감사하오

육순에

오학년 구반에서
육학년 올라왔네

이 날을 기념하여
제주로 여행왔네

이렇게 함께 걸어온
친구들께 감사하오

눈 오는 날

함박눈 내리는 날
토요일 대부도 앞
펑펑펑 쏟아지는
얼음판 눈 위에서
그대와 손을 잡고서
젊은 시절 생각한다

우리 처음 만날 때
풋풋한 청년시절
어느새 흰 머리에
주름이 늘었구려
이 생명 다하는 날까지
당신만을 사랑하오

도리깨질을 하며

이 세상 모든 폭력
정당화 될 수 없다

사랑의 매란 없다
꽃으로도 때리지 마라

한 가지 예외 있으니
콩 떨 때 도리깨질

새우깡

손자의 고사리 손
할아버지 새우깡 사줘

옷자락 잡아당기니
이내 못 이기는 척

지갑을 꺼내시고는
만 원짜리 주시네

산책로에서

저녁을 먹고 나와
산책로를 걷는다

하늘을 쳐다보니
옛 고향 별들이

여기에 다 와 있구나
어머니 얼굴처럼

군 후보생 시절

후보생 군인 시절 보급품 한 보따리
배낭에 가득 채워 관물함에 정리한다
모두가 부동자세로 점호 시간 기다린다

내무반장 앞에서 화랑 담배 세 개비
입에다 물리라며 성냥불 붙여주니
연기 속 눈물 흘리며 어머니마음 노래 불러

그때가 어제처럼 기억이 생생한데
어느새 나이 먹고 칠순을 바라보네
마음은 청춘이구나 군대 갈 것 같은데

암 검진

요즈음 암 환자가 세계적 국내에서
신음하는 고통 속 나의 맘 마음 아파
모두가 암 검진 받아 행복하게 해 주소

유행처럼 번지는 암 검진은 중요해
하늘땅 세균 극성 철저히 검진 받아
뿌리째 뽑아 없애서 화목하게 해 주소

설날에

설날의 새벽이면
때때옷 갈아입고
어른께 세배하면
세뱃돈이 두둑했지
친척들 몰려다니며
차례를 지냈었지

세배꾼이 없어진
요즘의 세시풍속
어릴 적 세배 돌던
그 시절이 그립구나
절하고 떡국 먹으니
어느새 나이 한 살

부모님 산소 앞에
돗자리 넓게 펴고
왕대포 술 한 잔에
또 한 번 절하면서
먼 나라 하늘에 계신
부모님 얼굴 뵙니다

작품해설

과거를 딛고 미래를 꿈꾸는 법고창신(法鼓創新)의 언어

- 김순진(문학평론가 · 한국스토리문인협회 회장)

〈작품해설〉

과거를 딛고 미래를 꿈꾸는 법고창신(法鼓創新)의 언어

김 순 진(문학평론가 · 한국스토리문인협회 회장)

김태선 시인을 알게 된 것은 2016년으로 거슬러 올라간다. 김태선 시인은 필자가 안산제일교회에서 강의하는 시창작수업에 나와 공부했다. 그때 회사에서 일이 끝나면 밤늦게 허둥지둥 달려오시던 모습이 눈에 선하다. 그는 딱 외모만 보아도 선한 사람, 성실한 사람이었다. 그 이후 그는 열심히 공부해서 시인으로 등단하였다. 그리고 운영하는 한국스토리문인협회 카페에 들어온 그는 '시조로 끝말잇기' 방에서 열심히 '시조로 끝말잇기'에 참여하였다. 마침내 그가 쓴 시조가 백 편이 넘어섰을 때 그는 스토리문학에 시조를 응모해왔고, 당당히 당선의 영예를 안았다. 그리고 또다시 몇 년이 지나 그의 시조가 수백 편에 이르렀을 때, 그는 시조집을 내고 싶다고 내가 운영하는 출판사에 출판을 의뢰해 왔다.

미국 서부 텍사스에 다이아몬드로 유명한 마을이 있었다. 그 마을에 한 다이아몬드 판매상점에는 수십 년째 윈도우에 전시된 다이아몬드 원석이 있었다. 하루는 점심시간이 지나 이웃의 늙은 다이아몬드 세공공이 먼지가 뽀얗게 쌓인 그 원석을 보고 말했다. "사장님 저 원석을 저한테 파시지요?" 그러자 가게 주인은 "아, 이 사람아. 저 원석은 이 가게에서 30년쯤 진열되어 있었네. 저런 돌에서 다이아몬드가 나온다는 것이지 저 돌은 아무것도 나오지 않아." 세공공은 다시 부탁하였다. "그래도 저한테 파십시오." 가게 주인은 싸구려라 팔 수 없다며 말했다. "그냥 가져가시게." 또다시 세공공이 부탁했다. "아닙니다. 얼마면 저한테 주시겠습니까?" 그러자 가게 주인은 하는 수 없다는 듯 말했다. "그럼 나는 그냥 주워온 것이니 10달러만 내게." 그리하여 그 보석 세공공은 그 원석을 사게 되었다. 그리고 그 원석을 집으로 가져가 깨뜨리자 그곳에서는 무려 수천 캐럿의 다이아몬드가 쏟아졌고, 그는 갑부가 되었다. 처음 김태선 시인을 만났을 때 그는 정감 있는 말투였지만 다듬어지지 않은 원석에 가까웠다. 아무리 좋은 돌이라도 세공을 해야 보석으로 빛나는 법이다. 나는 보석세공사였다. 김태선이라는 원석을 세공하기로 작정했다. 그는 내가 갈아낼수록 광채를 내기 시작했고, 결국 시금 이렇게 빛나는 보석 같은 시조집을 출간하게 된 것이다.

그럼 여기서 그의 시 몇 수를 읽어보면서 그가 어떻게 살아왔고 무엇을 위해 살고 있으며, 앞으로의 꿈은 어떤 것인지 헤아려보기로 하자.

편하고 쉬운 일은 이 세상에 없다고 봐
가공 일 만만치 않아 힘들어도 참아야 해
아이들 눈 아른거려 땀 닦으며 집중한다

아차하면 손발이 절단되는 공작기계
기계 돌려 집 사고 아이들 가르치고
마누라 건사하면서 한평생 살아왔네

제품에 공차 없이 세밀히 점검한다
기계의 찰칵 소리 조폐공사 기계소리
나는야 한국은행장 오늘도 돈 찍는다

- 「공작기계를 돌리며」 전문

김태선 시인과 공작기계는 뗄라야 뗄 수 없는 사이다. 김태선 시인은 젊어서 공작기계 회사에 취업해서 평생을 한 직장에서 우직하게 일해 왔고, 그 회사에서 정년퇴임하였다. 그리고 지금은 계약직으로 그 회사에 출근하고 있다. 어릴 적 나는 프레스공장에서 기능공의 보조로 일했다. 중학교를 졸업한 후 가정사정상 나는 진학을 포기하고 취업을 해야 했다. 그때 나와 함께 일하던 사수가 프레스로 철판 찍어내는 일을 하다가 그만 손가락이 절단되는 사고를 목격했다. 나는 그날 이후로 더 이상 그 일을 배울 수가 없었다. 어쩌면 나도 손가락이 없는 사람으로 살아가야 할는지 모른다는 두려움이 밀려왔기 때문이다. 그리고 나는 부서를 옮겼는데, 그곳에도 위험은 늘 도사리고 있었다. 나는 그때 저런 위험한 일을 하지 않으려면 공부를 해야 한다고 결심했다. 그리고 몰래 기계실에 들어가 공부를 해서 마침내 고등학교에 진학했다. 그런데 김태선 시인은 그런 위험한 일을 평행 해오셨다. 정말 대단하신 분이다. 기계작업이라는 것은 아무리 잘 해도, 아무리 숙련되었다고 하더라도 순간의 방심이 큰 사고로 이어질 수 있는 것이다. 게다가 늘 기름이 묻은 옷을 입고 일해야 한다. 손과 얼굴에 기름을 묻히고 일해야 한다. 똑같은 일을 반복해야 함은 물론 일정한 시간 내에 주어진 양을 소화해야 하기 때문에 집중을 요구하는 매우 어려운 작업이다. 요즘 사람들은 깨끗한 일만 좋아한다. 그러나 누군가는 이러한 일을 해주어야 우리나라의 산업이 발전한다. 그런데 요즘은 이런 3D업종을 배우려 하는 사람이 없어 걱정이다. 3D란 Dirty(더러움), Difficult(힘듦), Dangerous(위험함)를 의미한다. 옷에 기름때를 묻혀야 하고 손에 기름이 묻어 거칠고 갈라진 손이 될 수밖에 없는 일을 누군가는 해야 하는데, 요즘 젊은 사람들은 선뜻 그런 일에 나서지 않는다. 게다가 힘든 일은 더욱 하려 하지 않는다. 게임이나 프로그램작업을 해서 먹고 살고 싶은 젊은이들이 많다. 가수나 탤런트가 되려는 젊은이도 그런 맥락이라 할 수 있을 것 같다. 그런데 그건 사람을 상대한다는 것이 얼마나 치사하고 어려운 일인지 몰라서 하는 말이다. 기계는 사람이 돌리면 돌리는 만큼 생산되는 물건이 나오는 정직한 작업이다. 기계는 누구를 속이지도 않는다. 위험한 일을 하지 않으려 하지만, 위험하지 않은 일은 그만큼 임금이 적게 책정되기 마련이다. 위험수당이라는 말도 있다. 공수특전부대에서도 낙하수당이라는 것이 있다. 위험을 무릅쓰고 공중에서 뛰어내려 낙하한다는 것은 자주 해본 사람이야 스릴도 있고 해볼 만하다 하겠지만 처음 하는 사람은 죽을 맛이다. 김태선 시인도 평생 공작기계 작업을 해오셨으니 지금은 일이 그만큼 수월하고 몸에 배셨겠지만, 야단맞으며 배우던 시절이 있었을 것이다. 그 어려운 3D 업종의 일을 평생 하셔서 정년퇴임을 하시고 또 그 일로 용돈을 벌고 있는 김태선 시인의 노고에 박수를 보내드린다.

당산나무 그늘 밑에 돗자리 깔아놓고
라디오 볼륨을 있는 대로 켜놓고
옥수수 고구마 삶아다 나누어 먹으면서

베짱이 풀벌레 소리 효과음 배경삼아
여름밤 납량특집 소름 돋는 드라마
선풍기 에어컨 없이도 머리가 쭈뼛 선다

라디오 들으시던 아버지 소 팔러 가고
아궁이 불을 때던 어머니 장에 가서
영원히 돌아오지 않는 삽다리 납량특집

-「삽다리 납량특집」 전문

김태선 시인의 고향은 세종시 전의면 양곡리라고 한다. 이 시를 읽어보면 그는 삽다리, 즉 삽교와 관련이 있는 고장에서 태어나고 자랐다는 것을 알게 되었다. 아마도 그의 고향 전의면에 있는 다리인가 보다. 그의 고향이 바다와 맞닿아 있는 마을은 아닐 것 같다. 오히려 바다에서 2,30리 정도 떨어진 곳이 아닌가 생각한다. 김태선 시인의 고향 마을은 보통 사람들의 고향마을처럼 오래된 느티나무인 당산나무가 있다. 시골 사람들에게 당산나무란 마을의 수호신 같은 존재다. 사람들은 그곳에다 떡을 해다 놓고 정화수를 떠다놓고 빌기도 했고, 서낭당처럼 울긋불긋 줄을 매기도 했다. 아이들의 숨바꼭질 장소였고, 모내기를 마친 어른들이 장기나 바둑을 두며, 막걸리 한 잔으로 더위를 식히던 장소였다. 할머니들은 더위에 칭얼대는 어린 손사들을 데리고 나와 부채질을 하며 "자장 자장 우리 아기 잘도 잔다 우리 아기, 검둥개야 짖지 마라, 꼬꼬닭아 울지 마라, 자장 자장 우리 아기 잘도 잔다 우리 아기"라는 자장가를 불러 재우던 장소였다. 그런 당산나무 그늘 밑에 돛자리를 깔아놓고 옥수수며 감자를 삶아가지고 오감을 몰두해서 들어야 하는 라디오 납량특집은 등골이 오싹해 더위를 가시게 했다. 그런데 김태선 시인은 그 "라디오를 들으시던 아버지는 장에 소 팔러 가"시고 "아궁이에 불을 때던 어머니는 장에 가"셔서 돌아오지 않는다고 말한다. 그토록 사랑하단 두 사람이 죽었으니 정말 납량특집이다. 이제 김태선 시인에게 부모님 돌아가신 것이 무섭지는 않겠지만 가슴 속에는 아직도 어리광을 부리지 못하는 두려움이 남아 있는 것이다.

5년이 흘렀어도
기억은 어제 같아
바닷물 넘치도록
펑펑펑 울었네요
안산의 분향소에서
고개 숙여 기도하며

그때를 생각하면
억장이 무너지네
아이들 수장하고
지은 죄 어이할까
어른의 한 사람으로

사죄를 드립니다

- 「세월호 참사 5주년을 맞아」 전문

세월호 참사는 우리나라에게 많은 변화를 가져오게 하였다. 참사가 이어지던 그 순간에 박근혜 전 대통령의 7시간 행적이 도마 위에 올랐다. 박 전 대통령은 그 시간에 미용을 위한 수술 중에 있었다고 보도되고 있으며, 보고를 받고서도 효과적으로 대응하지 못했다. 최순실로 대표되는 국정농단 사건이 파헤쳐져 전 국민이 촛불을 들고 거리로 나오는 강력한 저항의 도화선이 되었다. 아직도 7시간의 행적은 파헤쳐지지 못했다. 304명이 죽어가던 그 시간에도 오직 신데렐라가 되고 싶었던 박근혜는 스스로 제 발등을 찍는 결과를 초래하였다. 결국 그로 인해 야기된 촛불혁명은 박 대통령의 탄핵과 5월 대통령선거라는 사상 초유의 정치개혁을 이끌며 지금의 문재인 정부가 들어서 있다. 세월호 침몰사건으로 인해 우리나라는 산업, 경제, 국민생활 등 전체가 흔들려야 했다. 노래방에 갈 수 없었고, 술집은 문을 닫아야 했으며, 전국의 관광지가 개점휴업상태에 들어갔다. 온 나라가 그러할진대 안산시민에게 있어 세월호는 더 말할 나위가 없이 고통 그 자체였다. 세월호 침몰과 함께 수장된 사람들은 모두 안산시의 시민이었다. 476명이 탑승했던 세월호는 212명이 사망하고 90

명이 실종되었으며 구조된 사람은 176명에 불과했다. 무려 312명의 목숨을 앗아간 대형 인재였다. 그 중 안산 단원고등학교 학생 254명이 목숨을 잃었고, 11명의 교사가 집으로 돌아오지 못했다. 이로 인해 안산시 사람들은 자녀와 부모를 잃고 아픔의 세월을 견뎌야 했다. 사람이 죽었는데도 일부 몰지각한 사람들은 "왜 놀러가다 죽은 사람들에게 돈을 그렇게 많이 주어야 하느냐", "그만 뽕을 빼먹어라." 등 막말로 아픈 사람들의 가슴을 더욱 깊게 찌르며 죽은 사람들을 두 번 세 번 더 죽였다. 아직도 세월호를 은폐한 사람과 효과적으로 대응하지 못한 사람 등 책임자에 대한 처벌이 이루어지지 않고 있다. 책임자를 처벌한다고 해서 죽은 사람들이 살아 돌아오는 것은 아니지만, 억울하게 죽은 선량한 시민들의 넋을 위로하기 위해서라도, 책임자 처벌과 진상규명은 반드시 이루어져야 한다. 김태선 시인은 직접 세월호에 가담하지 않은 사람이다. 그러나 그는 자식을 기른 부모이고 어른을 양육하고 보호할 책임이 있는 어른으로서 청소년들을 죽음의 바다로 몰아넣은 이 뼈아픈 사회적 현실 앞에 무릎을 꿇어 사죄한다. 적어도 부모라면 그래야 한다. 적어도 어른이라면 그래야 한다. 미안하고 또 미안해야 하거늘 감옥에 갇혀서도 아직도 자기의 죄를 모르는 사람이 있다는 것은 슬픈 현실이다. 김태선 시인의 감정에 동감하며 나 또한 진도 앞바다에 수장된 청소년들에게, 그리고 목숨을 잃은 모든 분들에게 "정말 미안하다고, 정말 어른으로 잘못 했다."고 무릎을 꿇어 사죄드린다.

월피동 다농마트 옆길에 주차한다
지갑에 현대카드 살며시 꺼내어서
휴대폰 안주머니에 꽂고서 들어간다

문 열고 들어서니 별의별 식품들이
예쁘게 진열되어 나를 오라 손짓하네
식품을 한 박스 사들고 자동차 문을 연다

뒷좌석에 싣고 나서 운전대를 잡는다
휴일인 오늘은 요리 솜씨 뽐내는 날
서투른 솜씨지만은 실력 발휘 하련다

- 「휴일 오후 풍경」 전문

사람 냄새가 나는 시다. 사람 사는 재미를 엿볼 수 있는 시다. 우리는 이 시에서 아내에게 가족에세 고마움을 전하며 하루 쯤 서툰 솜씨지만 요리를 해서 선보이려는 가장의 따스한 마음을 읽을 수 있다. 세월호의 아픔을 딛고 소시민으로 돌아가 한 주 동안 열심히 일하고 휴일을 맞아 대형마트에 가서 시장을 본다. 오이를 살까, 가지를 살까? 삼겹삼을 사서 삼겹살 파티를 할까, 생물 고등어를 사서 무를 깔고 고등어조림을 할까? 카트를 밀며 이 것 저 것, 채소와 고기를 고르는 한 남자의 이야기에서 나는 소시민의 행복을 읽는다. 행복은 멀리 있지 않다. 주어진 환경에 만족하는 삶이 행복한 삶이다. 만족한 삶이라는 말은 모두 채운다는 말은 아닐 것 같다. 부족하지만 나를 안정적으로 삶이 만족한 삶이 아닐까? 일할 수 있다는 것 하나만으로도 직장에 만족하는 삶, 마트가 있고 공원이 있으며 작은 개천이 흐르고 산책하며 오를 수 있는 산이 있는 동네, 즉 내가 살고 있는 동네에 만족하는 삶, 내 집이든 사글세든 돌아가 쉴 집이 있는 것만으로도 만족한 삶, 가족이 함께 살든 떨어져 살든 가족이 있다는 사실만으로도 우리는 만족한 삶을 이룰 수 있다. 불만으로 시작하면 모든 것이 불만스럽고 결국 나는 불만 많은 사람이 되고 만다. 그러나 감사할 줄 아는 사람은 사소함에도 감사한다. 아침에 눈을 뜰 수 있으니 감사, 물이라도 마실 수 있음에 감사, 직장에 나갈 수 있음에 감사. 걸을 수 있음에 감사, 감사하지 않은 대상은 없다. 오늘은 어제 죽은 그 사람이 그렇게 살고 싶어 하던 내일이라 하지 않는가? 어떤 사람들은 특정 상표, 특정 회사를 시에서 나타내는 것이 안 좋다고 하지만 나는 그렇게 생각지 않는다. 월피동, 다농마트, 현대카드……. 안산에서 현시대를 살아가는 사람으로서 지극히 당연한 시적 소재다. 그렇게 써주어야만 그 시대는 어떻게 살았고 어디를 가서 어떤 쇼핑을 했으며, 무엇을 결재를 했는지 알 수 있기 때문에, 시에 있어 삶 그대로를 보여준다는 것은 역사를 보전하는 일과 같이 중요한 일이라 생각한다.

세종시 전동면에 백제 때 운주산성
천안 청주 아산만을 한 눈에 내려다봐
멸망한 백제를 되살리는 꿈을 꾸었네

계곡에는 코끼리처럼 매달린 대형 고드름
백제부흥 원혼이던 상징탑 솟아있어
수천 년 이어져오던 백제 숨결 느껴진다

－「운주산성」 전문

이 시는 김태선 시인이 정말 다양한 소재들을 차용하여 시를 쓰고 있구나 하게 만드는 시다. 그의 시제들은 바람과 달, 자연에만 국한하지 않는다. 과거, 조선시내의 시조는 독자로부터 외면을 받았다. 말 그대로 사대주의 문학이었다. 시조의 작가 양반과 지식층이었고 오래된 왕조에 대한 아양 떨기와 아부를 통한, 권세 침탈 내지 연장의 수단으로 쓰였다. 그래서 시조의 소재가 “1. 성군, 2. 충성, 3. 효도”라는 굴레를 스스로 쓰고 문학의 본연으로 나아가지 못했다. 그리하여 양반들과 기생들이 향연에나 쓰이는 문학이 되다보니 인간 본

연의 사랑이야기나 삶이 묻어나는 이야기는 감추고 충성과 효도의 껍데기를 쓰고 이어져왔다. 때문에 서민독자층으로부터 외면을 받았다. 현대시조 역시 매우 어려운 국면에 접해있다. 파격, 즉 율격을 파괴하면 안 되고, 삶의 뾰족한 말을 써서는 안 된다는 것이 시조단의 지배적인 생각이다. 그렇게 쓰면 현대시와 다른 점이 무엇이 있느냐는 반론이 이어진다. 그러나 나는 그렇게 생각하지 않는다. 시조의 율격은 지키되 내용면에서는 무엇이든 다룰 수 있어야 한다. 그런 면에서 김태선 시인이 채택하고 있는 다양한 소재들은 매우 잘 하고 있는 현상이다. 운주산성은 김태선 시인의 고향과 가까운 곳, 세종시에 위치해 있다. 늘 구름이 끼어있다고 하여 붙여진 운주산(해발 460m)에 있는 산성으로 백제시대에 축조되었다고 한다. 운주산 정상을 기점으로 전동면 3개 마을과 전의면 2개 마을에 위치한 대단히 큰 산성으로 그 길이는 무려 3,098m에 달한다고 한다. 그리고 그 성 안쪽에는 543m에 달하는 내성(內城)이 있다고 한다. 아마도 백제시대에 세종시는 신라, 고구려와 맞닿아있던 매우 중요한 요충지가 아니었다 싶다. 보통 그런 산성을 구경하고도 이렇듯 시로 남기기는 쉽지 않다. 그런데 김태선 시인에게는 남달리 메모하는 습관과 시로 옮기는 특별한 감각이 있는 것 같다.

자동차 조심하고 길 조심해서 잘 가라

잘 먹고 잠 잘 자고 건강도 조심하고
그 말씀 영문 모른 채 허겁지겁 살아왔다

앨범을 들춰보며 엄마를 그려본다
선명한 그 모습이 꿈 속처럼 아련해
눈물이 왈칵 흘러서 돌아서 눈물진다

그토록 어진 말씀 생각도 못한 바보
효도하려 했더니 먼 길 떠나 안 계시네
어머니 손 흔드시던 빈 의자만 외롭다

- 「어머니의 빈 의자」

누구나 어머니에 대한 그리움으로부터 자유로울 수 없다. 여자보다 남자가 더 그러하다는 것이 좀 어폐가 있는 측면이 있겠지만 남자는 더욱 그러하다. 남성이 아내나 연인에게 가장 많이 느끼고자 하는 감정이 있다면 그것은 모성애다. 남자들은 감싸주고 챙겨주는 것을 좋아한다. 그런 보호받고 싶은 본능의 출발은 이 세상 모든 어머니들의 아가페적 사랑에서 기인한다. 나는 일찍 어머니를 여의고 어머니에 대한 감사함을 시로 쓰고자 시인이 되었다. 남자들은 흔히 어머니에 대한 효도를 거창한 것으로 안다. 멋진 집을 지어드리거나 금반지를 해드려야 효도가 되는 줄 안다. 외국여행을 보내드려야 효도인 줄 안다. 그런데 효도란 그런 것이 아니다. 할머니가 살아계실 때 일이다. 할머니를 모시고 살던 큰어머니는 매일 아침 할머니에게 소일꺼리를 드렸다. “어머니, 이 콩 좀 골라주세요.”라며 이웃집 콩까지 가져다가 할머니 옆에 놔드리는가 하면, “어머니, 이 양말 좀 꿰매주세요.”라며 뒤꿈치가 헤진 양말과 천을 드리며 할머니가 하실 일을 드렸다. 여든이 넘으신 할머니는 큰어머니가 부탁한 일을 위해 온종일 심심치 않게 일을 하셨다. 남의 집 콩까지 고를 필요는 없었지만, 할머니의 소일꺼리를 위하여 그렇게 하셨던 것이다. 할머니가 꿰매놓으신 양말을 신지는 않았지만 할머니의 소일꺼리를 위해 큰어머니는 그렇게 하셨던 것이다. 그렇게 일을 하고나면 할머니는 밥을 잘 삽수셨고, 94세까지 장수하시다 돌아가셨다. 일찍 엄마가 돌아가시고 할머니가 우리 집에 오셔서 우리 형제들에게 밥을 해주며 길러주셨다. 그래서 나는 이담에 돈을 벌면 할머니의 틀니를 해드려야지, 할머니한테 효도해야지 하였다. 그런데 정작 내가 돈을 벌어 틀니를 해드릴 능력이 되었을 때 할머니는 틀니를 견딜만한 힘이 없어졌고 얼마 후 돌아가시고 말았다. 효도라는 것은 지금 하는 것이다. 어머니가 김태선 시인에게 “자동차 조심하고 길 조심해서 잘 가라 / 잘 먹고 잠 잘 자고 건강도 조심하고”라고 입버릇처럼 하시는 말씀은 관심이며 사랑이었다. 그런데 그걸 깨닫지 못하고 사는 게 인생이다. 좋은 것을 손에 쥐고 남의 떡을 바라보는 것이 인생인 것 같다. 지금 내 곁에 있는 사람, 물건, 음식이 소중한데,

내 것은 하찮은 것 같고, 남의 떡은 커 보이고 맛있어 보인다. 그렇지만 우리는 부모님은 기다려주지 않는다는 것을 깨달아야 한다. 돈 벌어서 효도해야지, 성공해서 효도해야지 라고 생각했을 때는 이미 시기를 놓친다. 지금 따끈한 붕어빵 몇 개 사다드리는 것, 숟가락으로 무나 배를 긁어드리는 것이 효도임을 잊지 말아야 한다.

국화꽃 활짝 피면 그대와 모자 쓰고
맑은 공기 들이키며 노적봉 산책하며
청명한 하늘을 보며 야호 소리 지르고 파

큰소리로 소리쳐 메아리 돼 돌아오게
사랑해… 사랑해에, 고마워… 고마워어
여운 돼 되돌아오게 노래를 부르고 파

－「메아리를 꿈꾸다」 전문

사랑은 메아리다. 메아리란 깊은 산속에서 소리를 질렀을 때 앞산에 부딪쳐 되돌아오는 소리를 말한다. 소리를 지르지 않으면 메아리도 되돌아오지 않는다. "야호!"라는 말은 원래 알프스 산에서 조난을 당할 때 구조를 요청하기 위하여 멀리까지 소리가 들리도록 입에 손을 모으고 가늘고 길게 소리치던 구조요청의 신호였다. 그 구조요청의 신호가 이상하게도 우리나라에서는 정상에 올라 신이 나서 부르는 탄호성으로 바뀌었다. 산에서는 소리를 질러서는 안 된다. 동물이 음식을 먹거나, 휴식을 하다가 놀라 달아나기 때문이다. 각설하고, 메아리는 먼저 소리를 질러야 되돌아오는 소리다. 사랑도 그렇다. 내가 먼저 베풀어야 한다. 받는 사랑도 좋지만 베푸는 사랑이 더 행복하다. 사랑하는 사람에게 선물을 사주려 할 때, 무엇을 선물할까 하는 행복한 고민으로부터 선물을 줄 사람을 만날 생각, 그리고 선물 받을 사람이 기뻐할 것을 상상하면서 발생하는 행복감은 실로 크다. 그러나 상대방으로부터 무엇을 받게 되면, 나는 상대방에게 그 이상으로 해주어야 한다는 강박관념으로 휩싸이게 된다. 시인은 안산시에 있는 노적봉에 올라가 아내에게, 사랑하는 가족에게 사랑한다고 소리 지르고 싶어 한다. 나와 함께 긴 세월을 살아줘서 고맙다고 소리 지르고 싶어 한다. 그래서 그 소리로 돌아오는 메아리에 더욱 행복해지고 싶은 것이다.

이상에서처럼 김태선 시인의 시조 몇 수를 읽어보면서 그의 시세계를 들여다보았다. 일찍이 연암 박지원 선생은 글을 쓸 때 "원칙을 따르되 적절하게 변통하여 뜻을 전달하라."고 했다. 그러면서 "옛것을 모범으로 삼고 변통할 줄 알아야 한다. 바로 '법고이지변(法古而知變)'의 이치다."라고 했으며 "또한 변통하되 법도를 지켜야 한다. 바로 '창신이능전(創新而能典)'의 이치다." 라고 역설하였다. 이를 줄여서 우리는 법고창신(法鼓創

新)이라고 한다. 옛 것을 지키고 본받되 새로움을 추구해야 한다는 뜻이다. 김태선 시인은 우리나라 산업의 역군이시다. 평생 공작기계를 돌리면서 기름밥을 먹어온 엔지니어시다. 그런 사람이 어떻게 저렇게 섬세하고 아름다운 시조를 쓰실 수 있는 지 감탄스럽다. 그의 시조는 대체적으로 고향 세종시와, 살고 있는 안산을 근거로 쓰여져 있다. 과거와 현재를 넘나들며 추억을 바탕으로 삶을 견인하고 있다. 말하자면 과거를 딛고 미래를 꿈꾸는 법고창신(法鼓創新)의 언어라 해도 좋겠다.

첫 시집에 이어 시조집 발간을 진심으로 축하드리며 일과 문학의 두 마리토끼사냥에 성공하신 김태선 시인께 우레와 같은 박수를 보내드린다.

이 도서의 국립중앙도서관 출판예정도서목록(CIP)은 서지정보유통지원시스템 홈페이지(http://seoji.nl.go.kr)와 국가자료종합목록 구축시스템(http://kolis-net.nl.go.kr)에서 이용하실 수 있습니다. (CIP제어번호 : CIP2020028189)

김태선 시조집

어머니의 빈 의자

초판인쇄일 2020년 7월 06일
초판발행일 2020년 7월 15일

지은이 : 김태선
발행인 : 김순진
편집장 : 전하라
디자인 : 김초롱
펴낸곳 : 스토리 문학
등 록 : 2004년 3월 9일 제6-706호
주 소 : 우편번호 03382 서울 은평구 통일로 633
녹번오피스텔 501호 스토리문학사
전 화 : 02-2234-1666
팩 스 : 02-2236-1666
홈페이지 : http://cafe.daum.net/yob51
이메일 : 4615562@hanmail.net

이 책의 제작비 중 일부는 안산시 문화예술진흥기금을 받아 제작되었습니다.